ODYSSÉE AUTOUR D'UNE CHAMBRE

W0400116

Du même auteur

Le chaud du jours - 2004 - Tac-Motifs des Régions

Du côté des oiseaux - 2006 - Éditions de Sadal

© 2011 TAC Motifs Association : Tout Autour des Cultures - Motifs de Régions

Toute reproduction par quelque procédé que ce soit est formellement interdite sans l'autorisation de l'auteur et de l'éditeur, tant pour les textes que pour l'ensemble des illustrations.

Tous droits de traduction, reproduction et adaptation réservés pour tous pays.

Illustration de la couverture : Annick Lesimple

TAC Motifs des Régions

24-26, rue Marcel Journet - 06130 Grasse

Téléphone : 04 93 36 00 38

www.tacmotifs.com - tacmotifs@aol.com

Diffusion en librairie :

Soleils Diffusion

75006 Paris - Tél 01 45 48 84 62 - Fax 01 42 84 13 36

ISBN 978-2-916723-47-1 Dépot légal, troisième trimestre 2011

ODYSSÉE AUTOUR D'UNE CHAMBRE

Rosemai Guérin

Illustrations : Annick Lesimple

« Vous ne pouvez empêcher les oiseaux de chagrin
de survoler votre tête,
mais vous pouvez les empêcher
de faire des nids dans vos cheveux. »

Proverbe chinois

« Il est grand temps de rallumer les étoiles. »

Guillaume Apollinaire

Mars 2011

Tout a un commencement, c'est bien connu. Je ne parlerai pas du début de ce périple, long et hasardeux comme la plupart des commencements, trop encombré de surprises dont on se passerait. Délibérément et dans le désordre, j'entre dans le chapitre *hospitalisation*.

Au deuxième séjour, le chirurgien, après un dernier contrôle en salle d'opération, glisse à mon oreille :

« Le verdict du scanner, validé par l'IRM, le tout confirmé par mes propres investigations, me conduisent, chère petite madame, à vous faire revenir dans mes services le mois prochain. »

Bon. Le rein gauche est mal en point, l'uretère à son service empli de noirceurs peu sympathiques ; je comprends qu'il faille m'en débarrasser au plus tôt.

Tout de même, ces deux là m'ont servie pendant quatre-vingts ans bientôt, cela me gêne de les congédier aussi chirurgicalement. L'acte a beau être propre, il n'est pas très élégant pour autant. Et le trou ? Il va y avoir un trou, là où le rein tentait au jour le jour de filtrer les eaux usées et les chagrins, là où l'uretère commence à en avoir assez d'être opprimé. Ce n'est pas maigre un rein et j'ai appris que l'uretère peut mesurer jusqu'à trente centimètres…

Le créé a horreur du vide. Un trou s'établit-il ? Le voici comblé aussitôt. Le mien, de vide, n'échappera pas à la loi universelle. Avant que la chair à nouveau ne l'emplisse, j'aimerais bien qu'il ne fût pas squatté par n'importe quoi, voire n'importe qui…

Je n'ai pas le temps de m'interroger davantage, me vient à l'âme un ange. Un angelot plutôt. Angelot nouveau-né, d'un blanc étincelant, les ailes nacrées repliées sur son corps sans limites et pourtant à ma conscience si petit ; il tiendrait dans le creux de ma main. Énigmatique, silencieux, il a les yeux clos, sur des mystères insondables, je présume.

Je suis impressionnée. Heureuse, infiniment, mais impressionnée. Je me sens pistonnée, quelque part dans les Grands Registres. Et soulagée. Avec un ange dans le trou, tout devrait aller comme sur des roulettes !

« Nous verrons », dit mon cerveau gauche toujours suspicieux lorsqu'il s'agit des voyages inter-mondes de son frère siamois, le cerveau droit.

Ils sont surprenants tous les deux. *Ledroit*, volatil, relié à l'invisible. *Legauche*, ne se lâchant jamais des pieds sans se tenir des mains, constamment branché sur ses calculs, ses prévisions, ses inquiétudes, ses doutes. *Ledroit* tutoie l'éternel, la vie, la beauté, *Legauche* se contente de maintenir, autant que faire se peut, son siamois ici et maintenant… lorsque leurs relations sont cordiales. En période conflictuelle, leurs joutes prennent parfois des tournures pour le moins surréalistes.

L'ange

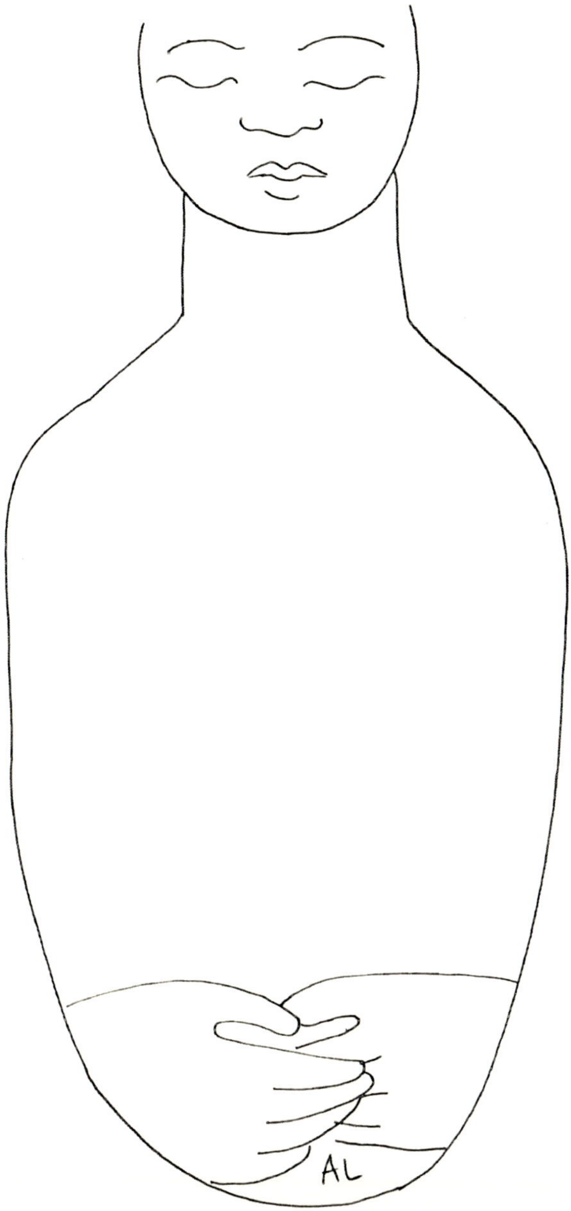
AL

Dans toute odyssée, il y a départ, peur et attrait de l'inconnu, courage, découragement, effort, questionnements, contingences. Dans cette *odyssée autour d'une chambre*, s'ajoutent les attentes, dans le temps, les couloirs, les salles. S'additionnent les examens, les diagnostics, les semaines. Bref, un parcours du combattant qui doit trouver un sens à cette aventure pour continuer à aller de l'avant.

Un hôpital est un extraordinaire laboratoire de vie, la mort n'y est peut-être pas plus fréquente qu'ailleurs. Vie et mort sont comme *Ledroit* et *Legauche,* siamoises. Là où est la vie est la mort.

L'hôpital est un endroit de souffrance, où l'humain se révèle dans sa complexité, sa petitesse, sa grandeur, sa fragilité, une fourmilière où chacun va, vient, les bureaucrates, les soignants, les aidants, les malades alités ou non. Tout un peuple au service plus ou moins conscient de la vie, de la douleur, du quotidien. Les rouages patinent parfois, les êtres ne sont pas toujours à la hauteur, les visiteurs, confrontés à leurs propres peurs, ont, la plupart du temps, hâte de se trouver ailleurs, cependant, malgré les ratés, un *quelque chose* circule.

Ce constat me fait penser au Vatican. Nous y sommes allés avec Raymond et Maria notre cicerone, il y a… longtemps.

La surabondance des ors, des richesses, l'accumulation des œuvres d'art, de mille cinq cent ans de génie et de turpitudes, m'ont donné le tournis. J'étais saturée, au seuil du rejet.

Et là, soudain, la Présence a traversé les salles. M'a traversée. Sa réalité m'a fait comprendre qu'elle se manifeste où elle veut. Elle était là. Malgré tout le reste.

Il en est de même pour l'hôpital. Au-delà des faiblesses humaines, une Énergie particulière a été mise en action par des humains de bonne volonté au service de la vie, des autres, de leur idéal. Cette dynamique habite l'Hospital, institué par le code de Justinien en 529 et, plus tard par les *Bimaristans* médiévaux créés par les médecins musulmans. Depuis, elle circule dans les couloirs, les bureaux, les salles, les chambres. Malgré tout le reste.

C'est sans doute pour cette raison que l'hôpital peut être aussi un lieu de révélations. Sur soi, et, partant, sur les autres et le monde.

Ici, j'ai fait des rencontres étonnantes d'humanité, d'ouverture à autre chose qu'à la banalité des contacts de passage, j'ai vécu de fortes expériences intérieures, traversé des moments improbables, d'autres imprévisibles.

Ici, plus ou moins, nous sommes tous des descendants d'Ulysse. Pour ma part, méditerranéenne, solaire jusqu'à l'os, j'aime le jour, la lumière, la chaleur. Je traverse la nuit comme la plupart d'entre nous, en pensant : « Demain matin il fera jour… »

Cette nuit-là, le sommeil fait grève, je vois s'éloigner ses banderoles et me trouve confrontée au silence. Personne à côté de moi, le lit sera habité le lendemain, pas de bruit dans le couloir, pas de cris, de gémissements plus ou moins entre-entendus. Un moment en suspens. Par la fenêtre aux volets relevés, je n'avais pas souhaité qu'on les baisse, je regarde le ciel au travers de l'ombre portée d'un pin.

Lentement, la nuit entre en moi, se glisse dans ma pensée, dans ma chair. Je sens sa présence, la force, la douceur, la puissance de sa présence, attentive, maternelle. Pour la première fois, je ressens le don que la nuit fait à ceux qui appuient leur fatigue sur sa plénitude.

Chaque heure de la nuit attire en elle la lumière, l'autre côté de la lumière, bleu, sombre jusqu'au noir, opaque, dense jusqu'à la chair.

La lumière du jour n'a pas de chair, simplement de l'éclairage pour mettre en vue ce que la nuit crée.

Inlassablement pleine, la nuit enfante le jour, inlassablement la nuit s'offre, nourrit de son lait d'ombre les âmes, les rêves, les choses en devenir, les corps qui se croient au repos alors que la nuit les investit, les répare ou les délite.

La nuit nous porte d'un bord à l'autre de la vie. Elle nous relie à ce qui est. Le jour est concert. La nuit est musique.

À côté de mon lit, le chirurgien m'explique. Je le regarde. Mi-Hermès mi-Asclépios, il est rapide, intelligent. Pendant trois heures, mon corps va dépendre de ses yeux scrutateurs, de ses mains mobiles. Pendant trois heures, sa capacité à trancher pour reconstruire fera toute la différence.

Il me parle. Je l'écoute à demi. Pour moi, tout est dit. Le reste lui appartient. Je l'observe et souris, il me fait penser à un chef Sioux en train de préparer la bataille ; je l'appellerai *Vif-Argent.*

Vif-Argent parti, je reviens à mon corps. Nouvelle, ma manière de le percevoir. Nouveau, ce sentiment de gratitude qui s'installe. Ce corps me porte depuis si longtemps ! Il supporte ce que je suis, qui n'est pas simple, mes humeurs, mes chagrins, mes exaltations, les tiraillements de *Ledroit* et *Legauche*, les difficultés devant les évènements qu'il faut assumer. Bon sang ! Il est solide ! Cahin-caha, avec des ratés passagers, il m'a conduite jusqu'à aujourd'hui, il m'a permis d'aimer, de réfléchir, de comprendre, d'accepter de ne pas comprendre, de ruer dans les brancards, d'aller de l'avant malgré le frein serré… Il m'a permis de souffrir aussi… puisqu'à l'évidence la souffrance est nécessaire à notre entendement. Ce constat a été longtemps une révolte, il m'interpelle toujours : pourquoi faut-il souffrir, dans son corps, ses affects, sa pensée, son âme ? Sommes-nous si incomplets qu'il nous faille des coups pour avancer ? Sans doute. « *Peuple à la nuque raide* » dit le Dieu d'Abraham à Moïse…

Je m'émerveille devant la capacité de ce corps à m'accompagner malgré ce que je lui fais subir parfois, mes inconséquences, mes erreurs de pensée et les émotions mal gérées qui pèsent si lourd sur lui. Qu'il crie aujourd'hui, je veux bien l'entendre. Je lui demande de m'excuser pour mes manquements. Qu'il m'accompagne encore un peu. La vie est si… si… si trop ! Comme disent les enfants.

Les Siamois

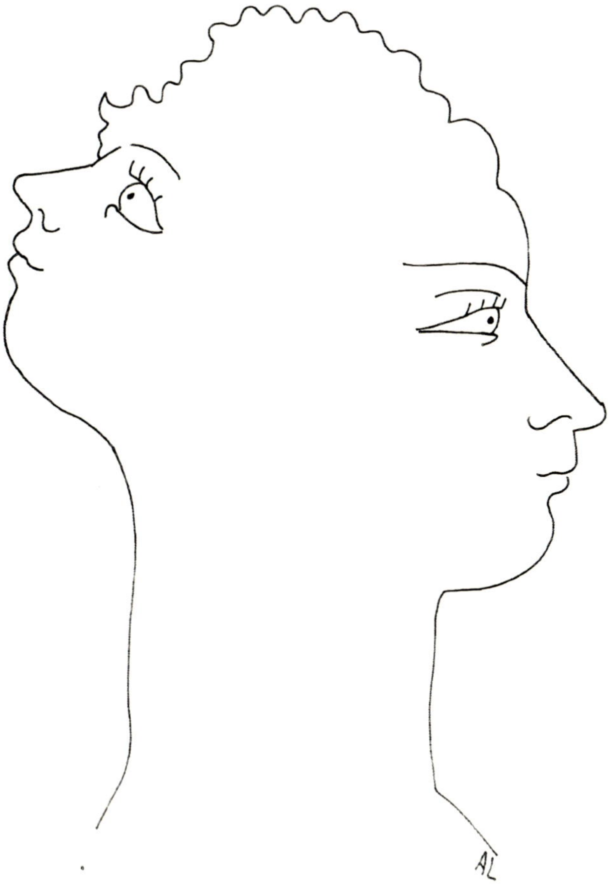

Cette autre nuit, je suis fatiguée, dans mon corps et mes recoins. Prête à baisser la garde ?

Depuis toujours, je monologue avec Plus-haut que moi. En cet instant, je lui dis ma fatigue. Mon renoncement ?

La réponse fulgure dans ma réflexion : « *Va avec !* »

La brume quitte mon esprit, le poids qui m'oppresse s'allège et je comprends : ne plus *faire avec* mais *aller avec*. Ne plus se sentir sous le joug de l'inévitable redouté, véritable écrasement, mais se redresser, aller *avec* l'épreuve, devenir co-auteur de l'évènement, même si je n'en suis pas maître. Puisque je ne peux pas l'éviter, je l'accompagne. À ses côtés et non sous son diktat. Se sentir responsable de son destin au même titre que le destin lui-même, change la donne. Les évènements continuent leur marche, mais ma manière de les recevoir me les fait vivre différemment. Je ne suis plus révoltée ou soumise mais acceptante.

Je peux tourner autour du pot, trouver des attributs qui me gênent moins, soient plus intellectuels ou sortent du poids de l'Histoire : Plus-haut que soi, la Présence, Celui-qui-est... La majuscule suffirait pour faire entendre qu'il s'agit de la manifestation de quelque Chose qui nous dépasse, Esprit supérieur que nous avons coutume d'appeler : Dieu.

Le nom de Dieu a été tellement bousculé au cours des Âges et des controverses de *Ledroit-Legauche*, sorti fripé de l'amalgame avec les diverses pensées religieuses, rejeté avec dépit... et/ou avec hargne, mis trop souvent au service de l'ignorance et de la cupidité humaines, que le sens en est altéré souvent. L'Esprit divin peut être considéré comme

Plus-haut que soi, Présence, Celui-qui-est... Il reste *Ce que nous ne savons pas.*

Chaque religion a une conception spécifique de Dieu, qui peut donner à penser que chaque religion a son dieu. C'est bien ce qui me dérange. Ces dieux, par ailleurs, nous ressemblent trop. Puis-je nous faire confiance à ce niveau-là ?

Je préfère nommer *Ce que nous ne savons pas :* Divin Point d'Émergence. Cette Présence émerge dans chaque atome du caillou comme dans chaque cellule de ma cervelle. Il n'y a en fait qu'elle. Le reste nous le vivons à notre ressemblance, c'est-à-dire d'une façon duelle, nuit-jour, blanc-noir, homme-femme, amour-haine, souffrance-joie, conscience-ignorance, humanité-dieux… Il nous est impossible de conceptualiser le Un, alors nous nous débrouillons comme nous pouvons avec le deux dont nous sommes faits, avec les dieux que nous créons à notre image au fil des millénaires. Et qui « fonctionnent » ! C'est bien cela le plus extravagant.

En créant la Loi Universelle qui fait que tout existe, *Ce que nous ne savons pas,* a dû penser :

« Ces pauvres petits ne vont jamais pouvoir me concevoir, puisque Je suis Un et qu'ils seront duels. Afin qu'ils puissent retourner à leur Source, Je vais leur donner, avec le sens du sacré, le pouvoir de créer des dieux qui, au fur et à mesure de leurs prises de conscience au fil des Temps, seront de plus en plus proches de l'Indicible. Ils les vénèreront et ces dieux de leur cœur serviront leur Désir de Moi. »

Et nous voilà au cœur du problème des siamois !

Depuis ce temps, *Ledroit* et *Legauche* n'en finissent pas de se chamailler. *Ledroit* veut sans cesse aller boire chez Plus-haut que lui et *Legauche* préfère ici-bas le sang de la vigne.

Au fait, cela me rappelle quelque chose, majeur pour

moi : Jésus, un des nôtres, a réussi à hausser le sang de la vigne jusqu'à Plus-haut que nous…

… Je parierais un moment de mon éternité, qu'un millénaire ou l'autre ils vont s'entendre à merveille, les siamois. Il leur faut simplement du temps de l'amour et de l'humour, pour accorder leurs violons, en jouer conjointement, réveiller leurs neurones qui dorment depuis si longtemps.

Il en faut de l'amour de la vie et de la dérision envers soi-même et les évènements, pour ne pas quelquefois « faire sauter le compteur » !

Je suis prête, dans ma tête, mes affaires, le chat à la maison, le tout en bonne garde de Maddy et Simon… Enfants, famille, amis, pensent à moi, prient, attendent des nouvelles. Tout est fin prêt.

Isa m'accompagne, porte ma valise. Presque fringantes, nous attendons qu'une chambre me soit désignée. *Œil de Faucon* nous rejoint. *Œil de Faucon* est kinésithérapeute ici-même. Je le connais depuis longtemps. Son père et Raymond furent « jeunes ensemble. »

Une infirmière se dirige vers nous et me dit : « Je suis embêtée, madame Guérin, j'ai une mauvaise nouvelle à vous annoncer : vous n'êtes pas opérée demain, pas de lit disponible à l'U.S.C. » (unité de soins continus).

Incrédulité. Sidération. Coup de sirocco. Équipes médicales et administratives en ébullition. *Vif-Argent* très contrarié. *Œil de Faucon,* qui nous pilote à présent, va du cellulaire à un bureau, essaie d'éclaircir, de sa manière efficace et silencieuse, la situation. En vain.

Que faire ?

Aller avec.

Le vent tombe d'un coup. Remise à zéro d'un compteur parti un instant en vrille. Je peux attendre trois jours sans que la terre s'arrête de tourner.

Isa et moi rentrons à la maison.

Je vais prendre trois jours de vacances.

L'*odyssée* bat tambour, rameute ceux que j'aime et qui m'aiment. Sans bruit. L'efficacité de ce resserrement reste mon viatique. Merci, Michel, Anne, Véronique, Jean-Michel, mes chers enfants. Et vous, mes petits-enfants. Merci, tous ceux de mes familles. Merci, tous mes amis, de *Jesvedha,* de *L'Avelane*, les autres, précieux. En ces temps de froidure je frissonne souvent, vous êtes le feu dans l'âtre, joyeux, réchauffant.

Merci, vous tous, qui n'êtes plus là et qui veillez, juste derrière la porte, constamment entr'ouverte.

Nous avons tellement besoin d'être aimés. Ceux qui le savent et ceux qui le refusent. Les assoiffés d'amour et qui n'en donnent guère comme les cœurs offrants. Se sentir reconnue au travers de la manifestation de la tendresse, me surprend toujours et me comble.

Ah ! La tendresse… État de grâce accessible à tous. Il suffit d'être attentif à l'autre, ne plus le juger, le voir comme un autre soi-même.

L'amour se conjugue à toutes les sauces. L'Amour est si haut…

Reste la valeur sûre et accessible : la tendresse. Humaine. Sacrée. Elle arrondit les angles, assouplit les raideurs, met du baume sur les brûlures et les mémoires fébriles. La légèreté de sa puissance emplit, ennoblit l'aimant et l'aimé.

Une silhouette se penche. Toque et blouse blanches auréolent le visage de Paule, son regard inquiet, son sourire qui contredit, sa main qui caresse ma joue.

Je suis là, réveillée, revenue de la mer de tous les dangers, pâle image d'Ulysse enfermée dans une chambre, attachée fermement au mât de la sauvegarde par la pensée de mes aimants, la présence de l'ange, la compétence d'hommes et de femmes à la volonté pugnace, de *Ce que je ne sais pas.*

J'ai résisté à l'appel des Sirènes. Je ne les suivrai pas cette fois encore.

Sirènes passeuses de mondes ? Passantes en transit elles aussi ?

Pour l'heure, tout est accompli. *Vif-Argent* a taillé, nettoyé, cousu, ressoudé, préparé la place de l'ange. L'anesthésiste a tenu en bride mon cœur en cavale. Infirmières, soignants, ont assumé leur mission : sortir un corps du pétrin et d'une farine devenue aigre. Belle équipée de Sioux ! Leur danse du scalpel, le rythme des bistouris, le rituel précis de leurs gestes, ont éloigné l'ennemi. Qu'ils en soient tous remerciés.

Les oiseaux de chagrin

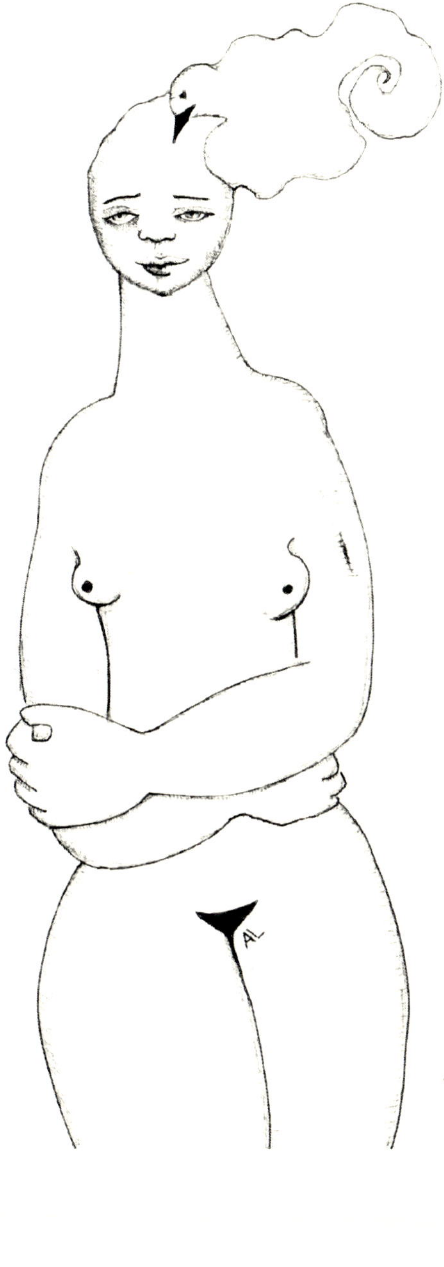
AL

Le jour se lève. Les pigeons s'affairent sur le toit d'en face, un coin de ciel lentement s'éclaire. Ce rectangle couleur de dragée, grillagé afin que les pigeons ne viennent déposer leur fiente, me relie à la liberté.

Un mot passe : patience. J'en ai. Au-delà de mes impatiences.

À présent, le ciel se remplit de paroles planantes. Elles descendent jusqu'à la terre, que je ne vois pas. La pénètre. De cette rencontre, jaillit l'herbe l'arbre le caillou du chemin. La parole nourrit la semence.

Quelle fut la première parole : « Fiat lux ! » ?

« Va, la Vie ! Va !... Œuvre ! Emplis toutes choses. Donne ! Donne ! Donne sans compter. Prends. Que ta roue tourne pour l'éternité ! » Assurément.

J'aimerais être une parole. Pour planer. Pour le plaisir charnel de pénétrer la terre, donner à la semence le lait d'abondance, rejaillir à l'air libre en chantant tous les mots que j'aime… amour – merveille – bleue la liberté – Syracuse – kaleïdoscope – force douceur de la tendresse – étoiles rallumées…

… Où es-tu l'Ange ?

La réponse ne se décrypte pas. Elle se ressent ; je sais qu'il est là, dissous dans la merveille. Sa réalité a envahi mon corps, son nom a gagné la majuscule, un « plus » a pris place. Indéfinissable.

Ledroit jubile, *Legauche* se tait. Comprenne qui pourra. Je ne cherche pas à comprendre. J'essaie de vivre.

C'est quoi, un ange ? Complexe d'Icare, invention de l'imaginaire, création d'artiste, réalité ? Un peu de chaque, je présume. Aussi, un atome d'infini, une trace d'éternité, l'empreinte de l'Amour, un miroir renvoyant l'Esprit de *Ce que nous ne savons pas* dans le sang même du créé, aux quatre coins de notre être.

Depuis des millénaires, les diverses religions de par le monde parlent de l'Ange. La tradition hébraïque donne un vertigineux organigramme de la hiérarchie archangélique et angélique. Flamboyant. Perturbant par la complexité et le nombre.

Pour moi, il est là, le meilleur de nous-mêmes, en moi. Souvenance d'un paradis perdu ou à venir, excellence de celui qui connaît l'infini et sait conjuguer éternité avec ici et maintenant. C'est peut-être cela l'Ange.

Vivre, avec ce qu'il y a ici et maintenant. *Aller avec.* Savoir qu'infini et éternité, inscrits dans nos cellules, œuvrent. Dans l'infini et pour l'éternité.

L'aigu dépassé, reste la ligne droite, la journée et la nuitée heure après heure. Soignants, aides-soignants, équipes ménagères, vont, viennent, aident à traverser la route glissante. Tout ce monde bruisse comme une ruche autour d'une reine invisible et omniprésente, l'Hôpital. J'aime bien ce mélange des genres : une reine au masculin. Cette ambiguïté se vit en filigrane, guerrières, guerriers, tous au Service, plus ou moins consciemment. Force, délicatesse, rugosité, gentillesse, attention, inattention… Humanité toujours.

Apprendre à *se prendre en flagrant délit d'humanité*, voilà qui pourrait avantageusement remplacer la leçon de morale que nous avions à l'école, tous les lundis matin, « de mon temps » (j'ai horreur de cette vieillerie…).

Apprendre que nous ne sommes que des humains faillibles capables de merveilles ! Rabaisser notre caquet égotique, agrandir la capacité d'élargissement de notre conscience…

… Je peux toujours rêver, je ne m'en prive guère. Ma longue vie m'a appris, entre autres, que du rêve à la réalité, comme du cauchemar à la prise en main de son retournement, souvent, ne vibre qu'un espace ténu. On ne peut pas toujours le traverser. Elle est là, notre désespérance.

Ma sauvegarde, c'est la rencontre. Rencontre avec les êtres, avec les choses, avec la vie. Rude parfois, toujours salvatrice si je suis présente, là, tout de suite, actrice participante et non spectatrice itinérante. *Legauche* ne m'y aide guère, il cogite sans cesse, le mental dont il est maître sans cesse me tire, ici, là-bas, m'empêche d'être dans l'instant, *Ledroit* peut me fourvoyer dans ses envolées titanesques et l'affectivité m'égarer dans ses émotions, ses œuvres charitables ; rien de pire que *« les bonnes intentions dont nous pavons tous nos enfers. »*

Comme tout un chacun, pétrie de complexités et d'inattendu, il m'est difficile d'être simple, et ce n'est pas avec ce que j'ai qu'il me faut aller de l'avant mais avec ce que je suis. Vaste programme ! Pour m'aider dans cette aventure rien de mieux depuis Delphes, son temple d'Apollon et Socrate :

« *Connais-toi toi-même et tu connaîtras l'univers et les dieux.* »

Se connaître reste l'aventure d'une vie. Il me faut encore aller plus loin, rester en éveil, me laisser saisir par la merveille… Elle est là, fragile et souveraine, cachée en toutes choses. Il suffit d'être attentive, disponible à sa réalité. Elle seule me permet de dire : « La vie vaut la peine d'être vécue. »

Et puis la tendresse ! Etre compatissant avec soi-même. Apprendre à se connaître en s'acceptant avec ses plus et ses moins. Arrêter de se juger, de se sentir coupable, tenter d'agir en responsable, avec, toujours, *Ledroit* et *Legauche* qui tirent à hue et à dia, l'affectif qui fragilise. Avec, toujours, cette obligation de lucidité qui, au prix fort, apprend à se sauver des naufrages.

Ah ! La lucidité ! Se voir tel que l'on est, voir les autres tels qu'ils sont semblables à soi le plus souvent, faire face aux évènements difficiles... Sans la tendresse, on y laisse son âme. Sans la mise à distance, la dérision, l'humour, on y laisse la raison. La raison non raisonnante qui dit : « Tout passe. Sois patiente. Regarde autour de toi. Ne rate pas la merveille : l'oiseau, là, vois, il te regarde, l'enfant joue et crie sa joie de vivre, entends-le, la saveur de l'orange coule entre tes lèvres et le soleil parfume tes dents, jouis-en, l'autre te sourit, réponds-lui. Dis oui à la vie, quoiqu'il arrive. Et n'oublie pas l'étoile. Il te faut la rallumer. Elle compte sur toi. Il y a dans le ciel une toute petite étoile encore dormante, elle porte ton nom et t'attend pour briller. Ne te perds pas, va à sa rencontre. La vie t'y porte si tu veux bien la suivre.

À chacun son étoile. À chacun sa route.

Odyssée

AL

Toutes celles et tous ceux qui traversent nos jours et nos nuits ne sont pas de vagues ombres qui passent, mais des êtres humains qui font leur travail le mieux qu'ils peuvent ; nous sommes hors circuit, leur présence nous relie à la vie courante.

Il y a le rire de *Perle du Soir*, le sourire d'*Oiseau des Montagnes*, la main douce de *Pluie de Printemps,* la haute silhouette de *Renard Caché* et, la nuit, les pas feutrés, les voix contenues, la petite lampe de poche, de *Matin Calme,* de *Prairie Bleue*, de *Lune dans l'Eau*... Chacun, chacune, à sa place, apporte sa présence et son aide et, pour peu que l'on soit attentif à ce qu'il ou elle est à l'intérieur de sa blouse blanche ou bleue, son histoire.

Ce matin, j'ai très mal au dos et demande un massage. *Œil de Faucon* fait partie de ce Service, c'est lui, déjà, qui m'a aidée à me lever, aussitôt que *Vif-Argent* en a donné le feu vert. *Œil de Faucon* vient me chercher et me conduit dans un petit bureau aménagé pour l'heure en salle de soins. Pendant que ses mains expertes me dénouent, nous causons. Nouvelles des membres de la famille, les enfants qui grandissent ...

... *Œil de Faucon* est un inconditionnel des chevaux, il en possède deux qu'il montait et qui, aujourd'hui, coulent des jours paisibles près de sa maison. Je m'enquiers de leur santé puis, candide, pose la question : « Dis-moi, un cheval doit bien vivre au moins quarante ans ? »

Qu'ai-je dit !

Brusquement, la pièce où nous nous trouvons se met à palpiter. Un vent se lève, souffle vers l'ouest, emporte les odeurs pharmaceutiques, les murs pâles, les fenêtres grillagées, les visages crispés, les pensées en boucle. Le galop des chevaux soulève l'herbe qui lâche son parfum de printemps revenu, les crinières activent l'air, des pépites de soleil constellent les poils luisant de rosée...

... *Œil de Faucon* me précipite dans la merveille. Il raconte.

Il raconte l'histoire de *Nero*, premier cheval européen connu pour avoir laissé trace de son destin. Et quel destin !

Nero voit le jour en Ombrie, dans cette Italie profonde où hommes et chevaux, agiles et trapus, tiennent solidement au sol. Son propriétaire, devant ce poulain fort et tranquille, au poil noir et luisant, entend bien en tirer le meilleur prix. Dans un éclair de génie, il grave au fer rouge, le temps venu, sur la corne du sabot, son nom et sa date de naissance. Ce qui ne se faisait pas à l'époque. Depuis toujours, les chevaux au service de l'homme mouraient d'épuisement, de maladie, sur le champ de bataille, abattus lorsqu'ils avaient « donné tout leur jus ». Rarement, un cheval terminait sa vie au pré et on ne se préoccupait guère de son âge, toujours approximatif.

Né en 1905, vendu à l'Armée en 1909, celle-ci inscrivit son matricule au dessous de son « acte de naissance », inscriptions renouvelées après chaque grand nettoyage des sabots, et il fut dressé pendant un an pour servir qui de droit. Harnaché, monté, attelé, il devient capable de porter un cavalier, de tirer des chariots, des fûts de canon... Incorporé dans un régiment d'artillerie lourde, il est désormais soldat de sa Majesté Umberto II.

1911. Avec son régiment, *Nero* embarque pour la Lybie. Où sont l'herbe tendre de l'Ombrie, les troncs accueillants des arbres, la soie des feuilles qui lui chatouillaient les narines, l'eau vive du torrent de son enfance ?

Combien de fois la lame du poignard l'a évité de justesse, la balle l'a frôlé, combien d'un temps qui n'en finit plus il lui a fallu boire de la pisse chaude, manger des herbes sèches et dures, changer de cavalier enterré sous les dunes …

1914. Le régiment est rapatrié. L'attendent sur le sol européen d'autres cris, d'autres coups de canon, la mort qui passe et emporte.

Que pense-t-il, *Nero*, que peut penser un cheval de la folie des hommes ? Si nous le savions, peut-être la honte, je n'ose dire la conscience, nous ferait repenser notre comportement.

Nero traverse la guerre 1914-1918. Il a maintenant 14 ans.

1920. À peine le temps de souffler, de s'enivrer quelquefois d'herbe douce, qu'il lui faut repartir dans les soutes noires d'un navire qui sent le charbon et la vieille poussière.

Retour en Afrique. À nouveau la chaleur le jour, le froid la nuit, le sable, le cri rauque des chameaux au loin et les rapaces qui tournent, tournent dans le blanc du ciel, avant de piquer sans bruit sur les cadavres encore chauds.

Vingt ans… Vingt années passent, sommeillantes et semblables. *Nero* rêve souvent d'une prairie verte et drue que les coquelicots rougissent d'un sang vivant, un sang heureux. Reste dans ton rêve, *Nero* ! Laisse aux hommes les cauchemars qu'ils se créent.

1940. Toujours la fureur de la guerre, contre-sens de la vie, absurdité humaine.

À nouveau la traversée de la Méditerranée.

Moins de chevaux plus de camions, des tanks, des avions, *Nero*, soldat solide, n'en continue pas moins sa route, au milieu d'hommes nouveaux.

« Il a la baraka ! » disent ses compagnons de misère, qui recherchent sa présence.

L'armée italienne, en déroute, se disloque. On ne sait comment, quelle destinée n'a pas ses temps d'ombre, le soldat *Nero*, récupéré par les maquisards, passe quatre années dans les Appennini.....

1945. *Nero* réapparaît au sein de l'armée américaine. Les Résistants l'ont « passé » aux Yankies.

1947. Le soldat *Nero* sort des rangs, vendu à un particulier. Il n'y a plus de matricule, de bassesses au quotidien, de folie meurtrière, de grandeur humaine révélée par un instant hors normes, de jours et de jours mornes et tristes, seulement un cheval qui a traversé un destin parmi les hommes et qu'un homme admiratif et compatissant sauve de l'abattoir.

1958. Neuf ans de bonheur, de retrouvailles chaque matin avec le soleil, la pluie, la neige, selon les saisons. Au tiède de l'écurie, *Nero* galope en rêve jusqu'aux étoiles. Et puis, un jour, son cœur s'arrête de battre, *Nero* s'écroule sur une terre hospitalière où les coquelicots le reçoivent et se penchent sur son grand corps vieilli, abattu par le Temps.

Cette histoire me dope, me fait autant de bien que le massage. Avec *Nero,* je plane, l'espace devant nous s'ouvre toujours plus loin, les prairies, les steppes, les déserts, défilent sous nos yeux émerveillés. L'hôpital n'est plus qu'une rampe de lancement pour l'infini.

La grandeur de la vie remplit parfois notre petitesse de merveille. Elle nous réserve des surprises étonnantes. Il suffit d'être là, de la saisir au passage.

Où que tu sois, *Nero,* je te salue, mon frère en éternité ! Moi, qui n'ai jamais monté un cheval, je suis entrée dans ton destin, j'ai vu dans tes yeux la complexité du monde et la simplicité de ton âme ; merci de me l'avoir permis. Merci à toi, *Œil de faucon*, de m'avoir montré la porte à ouvrir.

Attendre un dû aliène. Personne ne me doit. La vie me donne tout de ce qui appartient à cette Terre : peines et joies. Que puis-je exiger de plus ? Ici. À moi de dépasser mes peurs, mes peines, et de creuser mes joies. Et de remercier pour toute chose donnée, tendresse, amitié, sympathie, regard, main tendue, attention.

Merci, la Vie.

Merci à toi, *Jeanneton* de m'avoir donné leçon par ton courage.

Jeanneton partage ma chambre. Elle a soixante-quinze ans. Solide comme un roc jusqu'à ce qu'un drame familial l'abatte et la précipite dans la maladie. De plus, depuis deux ans elle est aveugle. Deux ans seulement. Deux ans, une éternité sans voir. Jeanneton, jamais ne se plaint de sa cécité. Elle « *ne veut pas déranger* », refuse avec vigueur qu'on lui passe le bassin, installé exceptionnellement près d'elle. Comment fait-elle pour le saisir, le passer sous son corps lourd, l'ôter, le remettre à sa place sans verser une goutte ? Comment fait-elle pour manger son repas, elle ne veut pas que l'aide-soignante l'assiste hors lui ouvrir les barquettes et lui dire ce qu'elle va manger, sans rechigner, sans salir les draps ni elle-même ? Comment fait-elle pour continuer à vivre ? Les pompiers l'ont amenée à l'hôpital dans le coma, *Vif-Argent* l'a sauvée in-extrémis d'une septicémie, et elle est là, avec « toute sa tête, » sa peine vissée au cœur. Á la maison, son mari fait ce qu'il peut avec la maladie de Parkinson « sortie » peu après le drame. Jusqu'à présent, elle a refusé toute aide extérieure, s'obstinant à « passer le balai », mettre le linge dans la machine à laver. Son gendre habite tout près, il est là tous les jours, veille, aide, deux petits-enfants adolescents sont là aussi ; mais il faut travailler, étudier, vivre. Ce n'est qu'après de nombreuses discussions qu'elle accepte enfin de rencontrer l'assistante sociale pour son retour à la maison avec une aide-ménagère.

Jeanneton a dû être une maîtresse-femme, mener son monde et son commerce, elle tenait une épicerie, tambour battant. Aujourd'hui, souffrante, amoindrie, elle n'en demeure pas moins déterminée à vivre, à gérer sa vie.

La puissance de la vie m'éblouira toujours !

La vie…

… Mais il n'y a qu'elle ! Et nous n'avons qu'elle pour aller de l'avant. Et comprendre.

Dernier jour. Je quitte l'hôpital cet après-midi pour Sainte-Agathe, clinique de convalescence.

Depuis ce matin beaucoup de mouvement : une aide-soignante passe une évaluation, trois de ses collègues diplômées la regardent donner des soins à *Jeanneton*. Elles commentent, dirigent, enseignent.

Vif-Argent fait une rapide incursion, me donne rendez-vous le mois prochain pour une visite de contrôle.

L'infirmière vient faire un dernier pansement avant de me remettre à d'autres mains, ailleurs. Nous nous disons au revoir. Paradoxalement, je quitte avec une sorte de nostalgie l'hôpital et ce service de chirurgie. Tant de choses fortes se sont passées ici. Souffrance, bien sûr, c'est le lieu. Mais instants hors-normes, rencontres privilégiées, plongée dans le face à face avec l'essentiel, riche en enseignement. Et puis, nous faisions, les uns et les autres, dans cet espace clos, une espèce de famille baroque et transitoire, avec ses agacements comme toute famille normalement constituée, mais aussi une chaleur humaine sans laquelle tout est à désespérer.

Le temps passe très vite ; je n'ai pu encore faire ma valise. Les ambulanciers doivent venir me chercher entre 14h et 15h30. Il est 13h. *Jeanneton* et moi venons tout juste de terminer le déjeuner ; « l'examen » nous a retardées. Je commence à rassembler mes affaires, un coup est donné à la porte :

« Entrez », dis-je. Un colosse en blanc, visage sans sourire, se présente :

« Madame Guérin ? Je suis l'ambulancier, j'ai vos papiers de sortie, je viens vous chercher. »

Qu'il ait les papiers de sortie alors que je voulais les prendre moi-même, déjà me contrarie. Ensuite, il me prend au dépourvu. Enfin, cela m'ennuie de partir à l'arraché. Je lui réponds :

« Vous êtes très en avance et j'ai été retardée. Veuillez m'attendre s'il vous plaît. »

Se passe un petit temps, à nouveau toc-toc à la porte.

À nouveau le colosse sans sourire : « Vous êtes prête, madame ?

À nouveau même réponse. Un peu plus vive.

Ce va-et-vient se reproduit trois fois. De plus en plus rapprochés.

Je suis prête. J'embrasse *Jeanneton* et présente mes sacs au colosse qui envahit la porte, toujours sans sourire.

Valide, inutile de m'allonger sur le lit brancard. Il va servir de charriot à bagages.

Quelques pas et je demande au colosse de ralentir :

« Vous avez de grandes jambes et je suis fatiguée… »

Il ralentit. Un peu. Sans dire mot. Même mutisme dans l'ascenseur. Je déborde rarement si je bous quelquefois ; je bous.

O.K ! Tout le monde n'est pas beau, tout le monde n'est pas gentil, tout le monde n'est pas causant, mais tout de même, une attitude aussi désagréablement indifférente ! Du poids s'ajoute à ma fatigue ; arriverai-je seulement à lui dire ce que je pense ?

Le soleil et l'air nouveau me secouent. Pourvu qu'ils ne me mettent pas K.O ! J'arriverai bien jusqu'à l'ambulance qui nous attend, là. Je regarde droit devant, me redresse et avance. Bizarre, je ne vois personne à la place du conducteur. Un pas de plus et j'aperçois une tête à hauteur du volant. Un pas encore, le colosse m'ouvre la porte, je m'installe sur le siège approprié, à côté du chariot brancard chargé de mes affaires, et regarde mes ambulanciers. Je n'aimerais pas rencontrer la tête du chauffeur, entre chien et loup, au détour d'une rue. Sa mine patibulaire m'interroge jusqu'à ce que j'élargisse mon champ de vision. À gauche, à ras de volant, un personnage que Goya n'aurait pas négligé, à droite une sorte de géant mutique dont la tête touche le plafond de la voiture.

Une minute suspendue.

Si j'étais en meilleur état physique, j'exploserais de rire. Les pôvres ! Pourquoi sont-ils si pressés ? Aller boire un café, taper les cartes, finir leur service plus tôt… Se fuir peut-être ? Je pense à Albert Dubout et à ses couples inénarrables. Il n'aurait pas laissé passer ces deux là sans les croquer avec bonheur !

Tout compte fait, il n'est pas insurmontable *d'aller avec.*

Et de passer à autre chose.

Sainte-Agathe. Établissement neuf, agréable. Personnel compétent. Je le recommanderais à qui me demanderait avis, comme suggère le questionnaire de satisfaction.

Un peu lisse. Ou sans doute est-ce moi qui, sortie de l'aigu, n'ai plus l'acuité nécessaire pour entrer en empathie profonde.

Je ne suis plus dans une chambre d'hôpital. La mienne, ici, confortable, est ouverte sur une terrasse où la vue s'étale à 300°, où je peux voir passer les bateaux blancs. Devant moi, au loin, l'horizon me parle encore d'Ulysse, mais Mandelieu c'est déjà Cannes et ses paillettes. Les villas, les jardins, les routes, c'est dehors, la vie courante.

Juste vingt jours à passer. Presque tranquilles. Vingt nuits. Presque dormantes. Et recevoir, dans ma chambre bleue, telle la Récamier sans son fauteuil, jambes pliées sur mon lit, mes proches, mes amis.

Encore, côtoyer, pour certains la souffrance, pour tous le courage d'avancer… Aussi, de la vieillesse le lent naufrage ? Le grand Charles aurait-il raison ?

Plus que jamais, je pense qu'apprendre et accepter d'*aller avec* permet, en disant oui à ce que nous ne pouvons pas changer, en acceptant notre finitude, en continuant d'*aller avec* la vie, de s'ouvrir à la merveille. Là, notre âme d'enfant, intemporelle, ne connait pas la décrépitude. Seulement la puissance et la force de la vie. Seulement sa créativité permanente.

Ne pas s'arrêter de regarder autour de soi et en soi, s'interroger, sourire, aimer, s'émerveiller.

Aller avec le temps, accepter que l'image se détériore. Seulement l'image. Le reste n'a pas d'âge. Il appartient à l'éternité.

L'*odyssée* se termine. Tranquille, j'ai le temps de saluer toutes celles et tous ceux qui se sont occupés de moi. À l'heure dite, deux ambulanciers prennent en charge mes bagages et ma personne avec une gentillesse que je savoure. Ils revalorisent à mes yeux leur corporation. Pleins de prévenance, ils m'accompagnent jusqu'à l'intérieur de la maison et je les remercie avec bonheur pour ce qu'ils sont.

Me voici revenue à la case départ. Un peu désorientée. Il va falloir que je retrouve mes marques, les rouages du quotidien, les temps vides, qui seuls permettent au plein son œuvre de construction. Ce que j'ai vécu sort de l'ordinaire et reste réel, merveilleusement réel…

Pour ceux qui seraient tentés de penser, avec justice, que j'ai fantasmé sous effet médicamenteux, grâce, d'une part à la sagesse de mon médecin traitant, d'autre part à la perspicacité du *Grand Chef Blanc,* patron du service de médecine vers lequel il m'a dirigée, enfin au discernement de *Vif-Argent,* aucun médicament ne m'a été prescrit jusqu'à l'opération.

Je n'ai pas rêvé cette *odyssée.* Je l'ai vécue dans mon corps, dans mon cœur, dans mon esprit, dans mon âme. À peine, les mots ont-ils bien voulu l'habiller, la mettre en espace, lui donner forme. Elle m'a été offerte par la vie, pour me permettre d'aller vers l'essentiel, entrer davantage dans la compréhension des êtres et des choses, ouvrir des portes, explorer des contrées inhabituelles, des états de conscience où la merveille s'offre et multiplie les facultés de goûter, ressentir, appréhender des mondes inconnus, recevoir l'invisible. Avec infiniment de reconnaissance.

J'ai toujours été une aventurière de l'immobile, une marathonienne des profondeurs. Il m'a été accordé de vivre une histoire peu banale, une *odyssée autour d'une chambre*, une plongée dans les richesses de la vie, caverne d'Ali Baba où les diamants sont les êtres, les pierres précieuses les choses, l'or et l'argent leur rencontre. Le prix à payer ? Sans doute, sans doute… Mais il n'a pas la première place. J'ai vécu suffisamment longtemps pour m'offrir cette légèreté : qu'importe demain ! Seul compte aujourd'hui. Ma priorité reste de vivre à plein temps. Un jour après l'autre.

La Vie ne s'arrête jamais, elle est grand maître en métamorphose. Elle me conduit depuis toujours. Je lui fais confiance et si ce récit peut donner davantage d'appétence pour sa réalité multiple à un seul de ses lecteurs, ce témoignage aura gagné sa raison d'être.

Juillet 2011

Achevé d'imprimer chez Tac-Motifs des Régions
24-26 rue Marcel Journet - 06130 Grasse
Quatrième trimestre 2011